embrulho líquido

embrulho líquido

bianca lafroy

ILUMINURAS

Copyright © 2012
Bianca Lafroy

Projeto gráfico e fotos
E. Segrob

Desenho de capa
Maxx Figueiredo

Revisão
Michela Moreira

Dados internacionais de catalogação na publicação
Bibliotecária responsável: Mara Rejane Vicente Teixeira

Lafroy, Bianca.
    Embrulho líquido / Bianca Lafroy. -
São Paulo, SP : Iluminuras, 2012.
    96 p. ; 14 cm.

    ISBN 978-85-7321-362-1

    1. Poesia brasileira. I. Título.

	CDD (22ª ed.)
1.	B869.1

1ª Edição
Printed in Brazil / Impresso no Brasil
Foi feito o depósito legal

EDITORA ILUMINURAS LTDA.
Rua Inácio Pereira da Rocha, 389
05432-011 - São Paulo - SP - Brasil
(11) 3031 6162
iluminur@iluminuras.com.br
www.iluminuras.com.br

Sumário

23 cuã
35 paisana
45 montagem
69 pista
84 quarto

Performance
Me visto de porta ligas y canto una canción de *Alissa*
me apunta la linterna que proyecta *Habitación*
me pesan estas botas estampadas de *Buscona*
me gustan las cintas negras en la marca *Pectoral*.
(Sabor a tinto / In: *polisexual*)
GIANCARLO HUAPAYA

Como la verdadera naturaleza se ha perdido, hay que inventar una sobrenaturaleza.
JOSÉ LEZAMA LIMA

a Leonarda Glück

*Um fragmento,
tal como uma breve obra de arte,
pode estar isolado
de todo o universo que o cerca,
perfeito em si mesmo como um ouriço
ou
a passante da noite
(aparição-desaparição)
e sua escrita-mucosa
na urbe*

cuã

o CORPO DA CASA
que mais gosto
é o útero.

Cavalo-de-troia.

Na cuã materializo
o que sinto. Escrevo
um poema para cada peça.

Descubro intenções por toda parte.

O tomate —
uma fruta —

não deveria ser
comida como salada ou molho.

Perceba o som (distante)
da *QUEDA* de um prato
que não se quebrou.

Saiba que é de louça.
(Ele dirá que é de plástico.)

Depois de cortar alho,
não se esfrega as mãos.
É disso que estou falando.
Das mãos com odor de alho em água corrente.

A tigela de arroz amanhecido
suplicando rejuvenescimento
ao outro punhado.

O pano de prato esconde delicadezas
e minhas mãos o *PERFUME DO LIMÃO*.

Enquanto você embota
com o tempo
em mim brota e aguça
a sensibilidade e a graça —
as coisas perdem o seu lugar.

A *COLHER PONTUDA*
(feito garfo) servia bem à mesa
agora serve melhor
no pote de café
(vidro de azeitonas reciclado).

Os olhos verdes que estavam dentro
e não eram de vidro
foram para a pizza.

A verdade é
que a pessoa que em mim
sente está mentindo.

O carbono
das palavras.

(Zaratustra comia beterraba
ou couve-flor roxa.)

Hoje rasguei em pequenos pedaços
a *SEDA DO ALFACE*.

Retalhos irregulares.

Quais as pessoas que não eu
têm consciência
que representam não ser o que são?

Hoje os pelos pareciam duros.
Fiz vários COÁGULOS ao retirá-los
da superfície visível.

Quem saberá o que ela sentiu
ao perceber que a farda
que vestia da polícia florestal
é igual para homem
e mulher?

SEM QUERER ouço uma linha telefônica cruzada:

"Não foi por nada que David Wark Griffith,
um dos maiores cineastas hollywoodianos
do início do século, afirmou, acerca do ensino de História:
'chegará o momento em que nas escolas se ensinará
praticamente tudo às crianças através de filmes'"

aí ouço o que ela também ouve:

"John Cage
disse que a existência da aids forçará a classe média
que detém o poder da informação
a patrocinar educação sexual para os pobres."

"A aids elevou o preço do sexo oral"
(agora sou eu do lado de cá).

O que me encantou
além de ela ser *DOMÉSTICA* e
decifrar os chakras da casa
feito Daniel Spoerri —
seus quadros-armadilha,
sua Eat-Art —
foi seu dom para criar armadilhas
com pilhas de panela,
louças fora do lugar,
toalhas em lugares nunca imaginados...

Era sua arte.

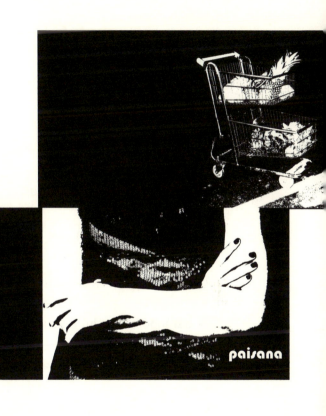

Mesmo à paisana
(do lar, solar),
quando saio às ruas
e vou a lugares de bem
(supermercado, lanchonete,
shopping),
sou reconhecido
(a).
As famílias miram olhos-fuzis.
Homem-silicone à luz do dia azul.

Oh! Amarro (amordaço)
seus crocodilos sorridentes
com o fino e frágil fio que segura minha moral.

Que pai suportaria a luz do sol
caso fosse revelado
o gemido do toque desse *LÁBIO LEPORINO*
em seus freios?
(lembra da fricção labial sobre o vão
do meu dente tortinho?)

Lubrificar orifícios
é uma *ARTE*.

Na formação do michê,
dominar os próprios mucos
é como aprender uma língua antiga.

Conversamos sobre isso no MON
ao admirarmos os traços-esperma,
a viscosidade visual,
os mucos de Münch.

Na rua, numa exibição,
ele fez seu cuspe espesso
cair em pé.

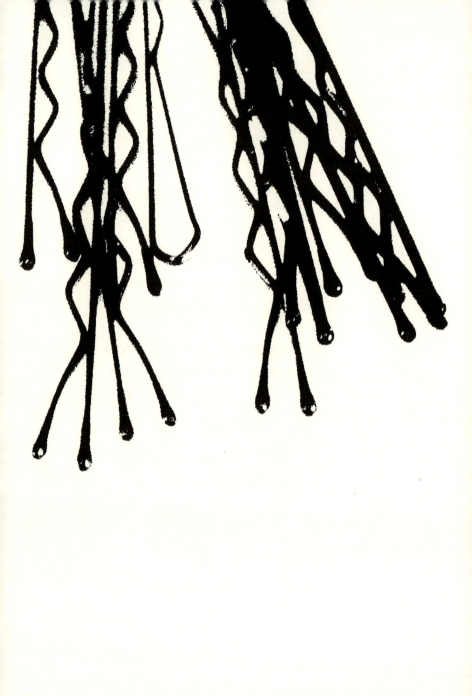

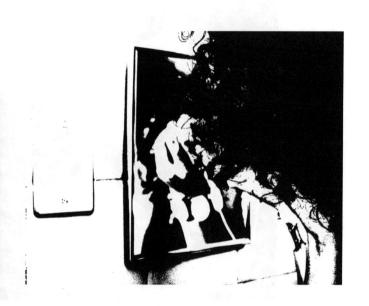

montagem

Transformar,
descategorizar a intuição.
Entre intro e extro,
inverter, subverter
a percepção dos sentidos.
Acariciar objetos e
desejar (apenas desejar)
que estampem outras cores
e formas. O dentro,
fora. *As filhas,*
ao não terem sempre a semelhança MATERNA,
consomem em seus rostos
a profanação de seu pai.

O embrulho líquido,
mergulho abissal no elemento móvel
e *FEMMINIELLO*.
Anfíbio-fêmea tatuado
no couro e
camuflado na escama prateada.
Tatoo azulada, aureolada,
cintilada e trans
formada em peixe-girl.

Em si mesmo,
em seus órgãos que eu imaginava elementares
mas de tecidos sólidos
e de vislumbres matizados
muito belos,
nas TRIPAS QUENTES E GENEROSAS,
eu acreditava que ele elaborava
sua vontade de impor,
de aplicar,
de torná-las visíveis,
A hipocrisia,
A besteira,
A maldade,
A crueldade,
A servilidade
e de obter na sua pessoa inteira
o mais obsceno êxito.

Em segredo sujeita o herói
(travestido do que sonha)
à trama *TRANS* (Ícaro
inventou a queda
para oferecer seu corpo
à Iemanjá) e desviada
FORMAÇÃO em heroína.

A queda do corpo
dissipa, dissimula
a face — flâmula
trêmula,
no *LAGO ESPELHANTE*
de Apolo
:
Herói
devolvido (armadura
de músculos)

ao fundo, ao chão.

A leveza aniquila superfícies.
Leveza-rarefação,
corpo envolto em bolhas de ar
sob um céu aquoso,
no limiar dos mundos
turvado e oxigenado
(único som é próximo
do estalido
de hímen de homem).
À tona, lama na boca,
LÍNGUA LETAL de um dialeto,
lótus que aflora
(meu nome de guerra).

Das metamorfoses e
refazimentos
sou aquele que não consta
na galeria de Ovídio,
Didimarcos...
Nem em Nicandro
ou Antígono.
Sou mais perigosa que os clássicos,
sou obra *FORA DA ESTANTE*
(um encaixe na família).
Transformo o nada e o morno,
e dissolvo supositórios do desespero.

A SEGUNDA NATUREZA
(respiração em bolhas,
toque gelado dos seres
liquefeitos e entregues
à diversidade e afeitos
à algazarra das algas
e ramas; entremeadas,
enganchadas, medusadas
nos na nas no em), afoita,
imprescindível.

No mergulho pra dentro de mim
(albina e hibernante
MUÑECA TRÓPICA), vertigem
e precipício,
labirinto sem fio,
viagem à célula-mãe,
costela de Adão
à expansão e alargamento
dos sexos.

Ruir em queda livre
não é ruim.
Só em queda livre se ri de si mesmo.
Ela não dirá mais à sombra de seu próprio ciúme
que as sobrancelhas desalinhadas
são antenas de barata.

Dei-lhe os pelos das narinas
e exigi o cuspe sobre a glande.

Entende o que estou dizendo?
Dar é feminino de dor.

O etimólogo
que persegue palavras
(dando proteína
para a filosofia)
dirá que não.

DAR É VERBO.
Verbo é masculino.

Entende o que estou dizendo?

É másculo dizer "no princípio
era o verbo".

Sempre pensei:
"Eu penso em cada coisa".
Os
SS... será ocasional esse encontro de duas consoantes?
E o "ó" de SOS no meio delas.
Delas?
Mas não são OS esses?
OS?
Mas não são AS letras?
E a sigla PM?
O que nela se esconde?

a *ÚNICA INVEJA* dela vem dele.
Ele que está dentro dela.
Ele que não é ela.
Ele na frente dela.
Ela deixada de lado por ele.

a Única inveja é
do muco menstrual.

Mas curada ao se travestir em filosofia.
Aquele filete bege,
baba expelida pela vagina
— ele sabia —,
um bilhete sutil,
um "sim" fisiológico
à reprodução da espécie.

Um catarro que nos fazia dependentes
do mundo heterossexual.

Nadja,
A PASSANTE ENIGMÁTICA,
aparição-desaparição
e perigo.
Eu sou todos os mitos
de Maria Madalena.
Eu juro que não sou Júlia Wanderley
Serei Jo Calderone by Gaga?
Leo? Lou?
("Não sou uma resposta.
Eu sou uma pergunta.")
Ou o dialeto inventado
em língua-esperma.

Eu sou Hedwig,
o *CABEÇA-DE-ROUBADO* da ex-alemanha oriental.
Eu sou Nano Florane,
o marinheiro passivo do navio pirata
(desnudo no significado de
frégate
ou como dizem os anglo-saxões
e suas diluições:
frigging).
Eu sou Jean Gejietti,
estudei as ruas e também os mares,
sei dos uniformes dos escravos
que manobravam remos no século XVII,
de sua lona cinza sobre os músculos,
suas correntes se chamavam "ramos"
e os punhos de renda, jabô e meias de seda
do capitão
Notre Homme.
Eu sou François-Timoléon de CHOISY, o abade.
Eu sou Madame Satã, Edwarda?
Ou serei Rrose Sélavy?

*não precisa dizer
que mesmo sabendo outra a Aldeia
e outro o tempo,
disfarço,
e caminho,
os olhos no chão,
o coração baixo. O travesti sou eu,
não a Samantha,
formidável víbora da noite
que se vos enrosca ao pescoço,
travada de pedra e birita.*

TÁ LIGADA, BIANCA?

a
branquérrima pele fina e
sem pelo do hermafrodita
— ex-homiceta
ex-homigina
ex-laleska —
à POLAQUINHA TRAVECA de utilidade pública
— face fácil para a saliva espessa
do celibato.

Por qué seremos tan perversas, tan mezquinas
(tan derramadas, tan abiertas)
y abriremos la puerta de la calle al
monstruo que mora en las esquinas, o
sea el cielo como una explosión de vaselina
(...)
por qué seremos tan despatarradas, tan obesas
sorbiendo en lentas aspiraciones el zumo de las noches
peligrosas
tan entregadas, tan masoquistas, tan
(...)

Tem bofe
que faço sexo
e *VEJO ESTRELAS.*

Outros,
só atendimento.

* * * * * *

E se tiver acesso à senha
do seguro hetero...
Azuelo na hora.

Quem vive a noite sabe.
Se o imprevisível
enlaçar a coincidência,
outra deusa poderá
estar por perto.

A morte — *diague!*

O logotipo na philips da alibã,
TRÊS PEQUENOS CHIFRES...

Não é um desenho de
coração.

Não dei a elza, mas dei área.
Os primeiros pontos no meu currículo:

BO trezentos e vinte e oito.
Duas horas e quinze minutos,
dia treze, agosto de dois mil e tanto (rasurado).
Sr. (a) Bianca Lafroy
Obs. registrada pelo gambé: "não possui documentos".
Altura: um metro e setenta e oito centímetros.
Nariz: mediano.
Boca: lábios grandes.
Queixo: longo e redondo.
Olhos: pretos.
Pele: clara.
Aparência: efeminada.
No ato obsceno a que foi acusada vestia:
sobretudo sobre langerie preto e
um par de botas pretas.
Pertences registrados:
um tubo sem tampa de cinquenta ml de vaselina
e outro de cem ml de desodorante
LEITE DE ROSAS.

Nublaram os ritos medievais,
AS JACQUERIES.
Emudeceram Dionísio
e seus adoradores *pagani*.
Penso nessas coisas
enquanto descabelo
o palhaço no muro
desse terreno baldio
— desova de cadáveres.

Na esquina,
caça e caçadora se cruzam.
ElaEle de quadris siliconados,
ritmo *SALTO ALTO*,
fiel ao que a mantém ob
                    scena
                              : em frente à cena.

No quarto, de quatro,
a presa se livra do seu terno e gravata
                abrindo seu fractal
(o cuspe escorre a canaleta das costas
                        até o anel de couro)

Minha língua-cunete o faz trair sua etimologia ocó.
Azulei-o e ele melou de nena minha neca.

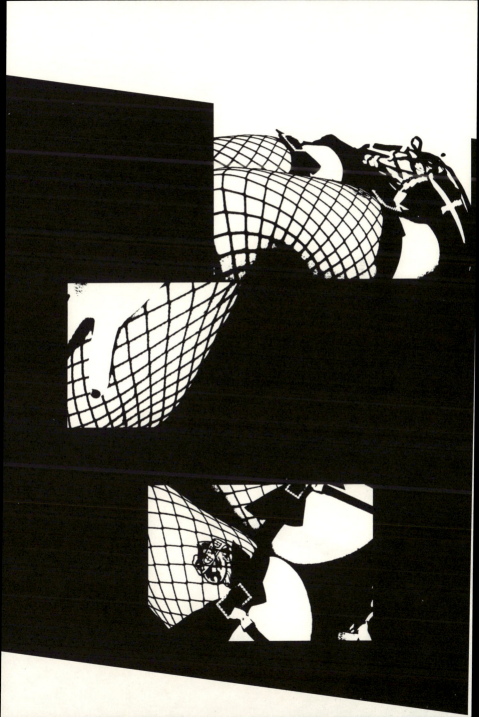

Ontem, lá em casa,
cortei pedaços cítricos
para uma salada de frutas.
Pedaços bem pequenos
de um abacaxi inteiro
que dei o nome *ÁGUA NA BOCA*.
Senti o embrulho de saliva
nas laterais da língua,
abaixo dela,
na frente,
entre ela e os dentes.

(Senti como sinto agora
este acúmulo espesso.)

: A afta veio.

Ele entendeu
e sendo o que quer,
o que somente quer,
só por isso me procura,
fechou o zíper
e foi embora.

No entra e sai
dos mal-amados,
a baba do bofe
de ontem, antes, o
cheiro de perfume barato
do bofe de anteontem,
antes, o incenso velho,
o charuto fajuto e fedido
na fodida do bofe de
antes de anteontem.

Que Deus, o assinalado,
escreva uma oração
no *MAPA DA PALMA*.

"Entra coração"
(o amante de hoje
desaba nos braços do
louva-a-deus
como um corpo morto
cai
)

Sem a mulher sem-vergonha

(músculo-mole,
cérebro-sistema,
corpo-carboidrato,
proteína-em-demasia,
testosterona-de-chifre-de-elefante,
íris assinalada de stress
áurea sem vestígio multicor),

sou-lhe útil
CENTAURO.

Ocupo a *ORLA* previsível
da mente. Eletrifico os
cafundós. Ergo vigas
de chocolate. Decu-
pando imagens pornográficas
inflo egos e
paus. Iço âncoras.
Desato o nó do balão do ermamento.

Crio o que o corpo desejar.
Creio no que o corpo quer me dar.

Tantas coisas ele fez para se tornar perfeita na
FARE LA MARCHETTA.
Esticou os músculos paravertebrais
e as juntas da região lombar
até transformar-se
contorcionista
depravada
o prazer da sua própria felação. Ela
é perfeita. Boa pra gabau.

Controle de Qualidade
18

Faça sua oração ao buda
esculpido no *ecstasy*.
Vire a página.
Ela saberá
tirar proveito
da sua lordose
no *VENTRE*
JESUS.

Tudo se dissipará no vão
do incisivo lateral superior
do seu osso maxilar
friccionado pelos lábios.

No céu de centauro,
égua mítica, *ÉGUA GUIA*,
de asas e ancas velozes
dedos de Lilith;
mil e uma noites
na ponta da língua,
a órbita zen, o voo cego
no dorso, arcabouço de luz,
ao centro do poço negro,
do calabouço cósmico
sem janelas,
no céu de Centauro,
bilhões de sóis
acendem.

É madrugada
(hora híbrida em que a noite se abre para o dia),
moçoilas somam o ganho,
ainda mariposadas
e sob teu VITRAL ANDRÓGINO,
Sanctus Januarius (Mês
que inauguro meu corpo
como se tocasse o teu
pela beleza e sangramento
e escrito sob uma lua-unha.

)

San Genaro:
Ó, tu, que com dardo de flama
Partes o gelo da minha alma,
Para que ela se lance fremente
Ao mar de sua suprema esperança:
Sempre mais clara e mais sã,
Livre na lei mais amorosa —
Assim exalta ela teus milagres,
Belíssimo Januário!

TRANSCÓLOFON
A escrita como gesto de travestimento
(*Embrulho líquido* + *Bianca Lafroy* = Ricardo Corona)
deu-se à estampa sobre os papéis Cartão Supremo LD 250g (capa) e Polen Soft LD 80g (miolo),
com as tipologias Candara e Bauhaus e tiragem de 1500 exemplares
feita pela gráfica Copiart para a Editora Medusa no verão de 2012.

projeto incentivado pelo programa de apoio e incentivo à cultura do município de curitiba